AF175981

Impressum

Bibliografische Information der Deutschen Nationalbibliothek: Die Deutsche
Nationalbibliothek verzeichnet diese Publikation in der Deutschen
Nationalbibliografie; detaillierte bibliografische Daten sind im Internet über
dnb.dnb.de abrufbar.

© 2020 Frank R. Gutacker
Herstellung und Verlag: BoD – Books on Demand, Norderstedt

ISBN: 9783751993951

Frank R. Gutacker

WESPENWERK

Vorwort

Vermutlich hältst du dieses Buch in der Hand, weil du Defizite bei der Entwicklung deiner Software festgestellt hast.

Diese Defizite äußern sich dadurch, dass die Entwicklungsarbeit nur zähflüssig und mühsam voran schreitet. Es kann aber auch sein, dass das Refactoring bestehender Software nicht so läuft, wie du dir das vorgestellt hast.

Eventuell sind aber auch Kunden unzufrieden, weil ihnen etwas anderes geliefert wird, als versprochen wurde oder das Projekt sich erheblich verzögert.

Es ist vermutlich die Summe vieler kleiner Probleme, die zu dem Entwicklungsstau und der damit verbundenen Unzufriedenheit bei dir im Team geführt haben.

Du bist nicht mehr motiviert, die Dinge anzupacken und sehnst dich nach einer Auszeit auf einer fernen Palmeninsel am Meer, die dich mit ihrem sonnenverwöhnten Strandsand empfängt?

Wer immer du auch bist - Projektleiter, Geschäftsführer, Tester, Administrator oder Programmierer - ich kann dir eines versprechen: wenn du die 99 Tipps aus diesem Büchlein beherzigst und in deinem Team verbreitest, wird dein Unmut abebben. Zufriedenheit wird sich bei dir einschleichen und du wirst wieder Spaß an der Entwicklungsarbeit und an den damit verbundenen interessanten Herausforderungen finden.

Ich verspreche dir das so unverblümt, weil auch ich mich jahrelang in der soeben beschriebenen unbefriedigenden Situation befunden habe. Seinerzeit gab es noch keine Entwurfsmuster oder Frameworks, die mir die Arbeit erleichtert haben oder abnahmen.

Es gab auch nur wenig Kollegen, die eine entsprechende Erfahrung mitlieferten, um mir aufzuzeigen, wie man alltägliche und immer wiederkehrende Problemstellungen elegant umschifft.

Inzwischen findest du unendlich viele Richtlinien oder Verfahrensanleitungen. Die meisten Pamphlete begründen die erforderlichen Schritte. Darauf habe ich bewusst verzichtet. Ich werde keine Begründung zu den Regeln hinterlegen; um diese Buch ganz einfach leichtgewichtiger und lesbarer zu gestalten.

Entscheide selbst, ob und wie tief du mir vertraust. Tatsache ist, dass es sich bei diesem Regelwerk um die Quintessenz meines inzwischen über 25-jährigen Entwicklerlebens und der damit verbundenen Erfahrungen handelt.

Die Beherzigung dieser Regeln hat mir geholfen, wieder ein Stück zu mir zurückzufinden. Ich habe die ursprüngliche Zufriedenheit und den Spaß am täglichen Coden wiederentdeckt.

Auch habe ich versucht, meine Tipps möglichst allgemeingültig zu halten und mich nicht auf eine Teamgröße oder eine Programmiersprache festzulegen.

Ich hoffe, einen möglichst breitbandigen Leserkreis anzusprechen, der sich von meinen Leitlinien motiviert fühlt, seine Arbeitsqualität und die Resultate seines täglichen Wirkens zu verbessern.

Das Akronym WESPENWERK fand ich deshalb so treffend, da du als Softwarearbeiter immer Teil eines Größeren bist und deine Arbeit - vor allem die Arbeit im Team - sich gewissen Gesichtspunkten unterordnen sollte.

Ganz klar habe ich mir das bei etablierten und bewährten Prinzipien der Softwareentwicklung abgeschaut.

Die Regeln, die du in den einzelnen Kapiteln findest, sind größtenteils austauschbar. Ich habe sie dort platziert, wo sie meiner Meinung nach am besten passen. Da das Akronym aber einfach nur als Gedankenstütze dient, ist das auch nicht so wichtig.

Und nun wünsche ich dir viel Spaß und vor allem, dass du wieder Freude an deinem Beruf findest.

Alles Gute für dich!

Frank R. Gutacker

September 2020

W - Wiederverwendbarkeit

»Die Basis einer gesunden Ordnung
ist ein großer Papierkorb.«
Kurt Tucholsky

1. Nutze bestehende Softwarebausteine.

2. Motiviere andere, deine Module zu nutzen.

3. Zwinge andere nicht, ständig "das Rad neu erfinden" zu müssen.

4. Erfinde das Rad nicht ständig neu.

5. Achte darauf, dass der Code möglichst selbsterklärend ist.

6. Dokumentiere deinen Code, wenn er nicht für sich selbst spricht.

7. Übertreibe bei der Dokumentation deines Programm-Codes nicht und halte dich kurz und knapp.

8. Passe die Dokumentation an, wenn sich der Code ändert.

9. Verwende verständliche und kurze Namen für Programmbestandteile wie Klassennamen, Methoden, Variablen etc.

10. Verwende die bestehend Objektinstanz als Rückgabeparameter, um Fluent Interfaces bzw. Method Chaining zu ermöglichen.

E - Erweiterbarkeit

»Nichts in der Geschichte des Lebens
ist beständiger als der Wandel.«
Charles Darwin

11. Sorge dafür, dass flexibel auf Spezifikationsänderungen reagiert werden kann.

12. Die Zusammenarbeit einzelner Programmteile sollte über wenige einfache Schnittstellen erfolgen, so dass Änderungen sich auf möglichst wenig andere Komponenten auswirken.

13. Vermeide global deklarierte Datenstrukturen.

14. Nutze Modularisierung und Datenkapselung.

15. Verwende Interfaces als Funktionsparameter.

16. Mache es dir und anderen einfach, deine Programme durch Hinzufügungen zu erweitern.

17. Verhindere, dass bestehender Code verändert wird.

18. Nutze Namespaces (eigene und fremde).

19. Verstecke interne Hilfsmethoden einer Klasse, wenn sie nicht sichtbar sein müssen.

S - Sicherheit

»Vertrauen ist die Mutter der Sorglosigkeit.«
Baltasar Gracián y Morales

20. Traue den variablen Dateneingaben deiner Anwender nicht.

21. Korrigiere fehlerhafte oder problematische Eingaben.

22. Validiere Nutzereingaben immer.

23. Nutze robuste Vorlagen etablierter Frameworks oder geprüfter und bewährter Bibliotheken, um Variablenwerte und Eingabeparameter mit Sicherheitsmechanismen kontrolliert zu übernehmen.

24. Trenne die Datendarstellung von der Anwendungslogik.

25. Nutze Entwickler-Frameworks, die entsprechende Muster unterstützen und damit verbundene Werkzeuge bereitstellen, um die Datendarstellung von der Anwendungslogik zu trennen.

26. Kenne die gebräuchlichen Angriffsvektoren und verhindere, dass sie zur Anwendung kommen.

27. Unterschätze nie die Macht des Social Engineerings.

28. Sensibilisiere dein Umfeld dafür und verhindere, dass ihr Opfer von Social-Engineering-Attacken werdet.

29. Hinterfrage jedes Hilfeersuchen - egal ob von Externen oder von Kollegen.

30. Werde skeptisch, wenn du Zugänge ermöglichen oder Sicherheitsmechanismen aushebeln sollst.

31. Nutze starke Passwörter.

32. Nutze unterschiedliche Passwörter für unterschiedliche Ressourcen oder Zugänge.

33. Nutze Passwortmanager.

34. Sichere den Zugriff auf deine Passwörter und die Passwortmanager-Datenbank extrem stark.

35. Verrate keine Passwörter.

P - Portabilität

»Wenn sich alles gleicht, zählt der Unterschied.«
Kurt Brugger

36. Automatisiere Deployment und Testen - vor allem, wenn deine Anwendung auf unterschiedlichen Prozessortypen oder Betriebssystemen lauffähig sein muss.

37. Nutze spezielle Zielsystem-Prozeduren, -Module oder -Bibliotheken nur dann, wenn es unbedingt erforderlich ist.

38. Wenn es allgemeingültige (systemübergreifende) Lösungswege gibt, die nur wenige Nachteile mit sich bringen, dann nutze diese.

39. Nutze ein verteiltes Versionskontrollsystem.

40. Bevorzuge das Schreiben von Web-Anwendungen.

41. Rechne mit der Unerreichbarkeit von Systemen.

42. Kompiliere auf schnellen Rechnern.

E - Effizienz

»Reich wird man nicht durch das, was man verdient,
sondern durch das, was man nicht ausgibt.«
Henry Ford

44. Passe den Entwicklungsaufwand der Zieldefinition und den verfügbaren Ressourcen an.

45. Nutze existierende Lösungen, Frameworks und Bibliotheken, wenn die Aufgabenstellung damit effizient erfüllt werden kann.

46. Nutze Integrierte Entwicklungsumgebungen (IDEs) und Softwareentwicklungswerkzeuge (SDKs).

47. Delegiere Aufgaben, die du nicht durchführen möchtest oder kannst.

48. Übernehme Verantwortung für die Resultate.

49. Automatisiere, wenn es sich lohnt.

50. Sei oder werde Spezialist bezüglich der von dir bevorzugten Programmier- und Skriptsprachen.

51. Bleibe auf dem Laufenden und bilde dich stets weiter.

52. Fördere deine autodidaktischen Fähigkeiten.

N - Nützlichkeit

»Nimm an, was nützlich ist.
Lass weg, was unnütz ist.«
Bruce Lee

53. Kenne die Spezifikation.

54. Erfülle die Anforderungen.

55. Hilf dabei, unklare oder sich widersprechende Anforderungen zu vermeiden.

56. Sorge dafür, dass deine Anwendung benutzerfreundlich ist und möglichst keine Nutzerdokumentation oder ein Handbuch benötigt.

57. Schreibe lesbaren Code.

58. Schreibe übersichtlich.

59. Schreibe nicht schön, sondern möglichst effektiv.

60. Schreibe nur, wenn es nötig ist.

61. Überrasche den Nutzer deiner Software nicht. Sie sollte genau das tun, was er erwartet.

W - Wartbarkeit

»In Zeiten des Verfalls hat der Erhalt oberste Priorität.«
Toni Duppka

62. Schreibe verständlichen, modularisierten und stark gegliederten Code.

63. Halte deine Module so klein wie möglich.

64. Beschränke dich auf die Problemlösung.

65. Vermeide überflüssigen Ballast.

66. Schreibe lieber viele kleine Interfaces und entsprechende Klasseninstanzen als eine eierlegende Wollmilchsau zu schaffen, die diverse Anforderungen erfüllt.

67. Code-Monolithen und endlose Funktionsblöcke sollten der Vergangenheit angehören.

68. Verwende etablierte und bekannte Entwurfsmuster.

69. Halte dich an Standards.

70. Lies die Dokumentation.

71. Vermeide redundante Daten.

72. Nutze Konstanten, um aus kryptischen Festwerten lesbare Einträge zu erzeugen.

73. Vermeide verschachtelte Fallunterscheidungen.

E - Einheitlichkeit

»Was irgend gelten will und walten,
muss in der Welt zusammenhalten.«
Friedrich Rückert

74. Halte dich an bekannte und sinnvolle Programmierrichtlinien.

75. Unterweise unerfahrene Kollegen darin.

76. Nutze Möglichkeiten der (automatisierten) Code-Analyse, die z.B. Richtlinien, Metriken, Formatierungen usw. prüfen.

77. Vermeide jeglichen Müll und Schmuck in der Entwicklerdokumentation (sinnlose Ausführungen, firmeneigene CI/CD-Elemente etc.)

78. Nutze reine Textdateien ohne Formatierungsoptionen.

79. Bevorzuge JSON als Datenaustauschformat.

80. Schreibe deinen Programmcode und die dazugehörige Dokumentation in Englisch.

81. Orientiere dich am Stil großer und erfolgreicher Softwareunternehmen mit einer beispielhaften Entwicklerunterstützung.

R - Robustheit

*»Scheinbare Stabilität ohne festen Untergrund
ist ein Abheben auf Zeit.«*
Franz Friedrich Kovacs

82. Sorge dafür, dass deine Software auch unter ungünstigen Bedingungen noch zuverlässig funktioniert.

83. Verhindere undefinierte Zustände und „Systemabstürze" (z. B. durch Auswerten und Behandeln von Fehlern und Ausnahmen).

84. Beschränke dich auf sinnvolle Reaktionsmöglichkeiten, abhängig von der Situation, ohne den Implementierungsaufwand signifikant zu erhöhen.

85. Akzeptiere, dass eine hundertprozentige Robustheit nicht erreichbar sein wird und programmiere dementsprechend.

86. Teste realitätsnah.

87. Übernehme nur fehlerfrei getestete Software in den Produktivbetrieb.

K - Kostenersparnis

»Was nichts kostet, ist nichts wert.
Was viel kostet, vielleicht auch.«
Walter Ludin

88. Programmiere in einem adäquaten Zeitaufwand.

89. Nutze Möglichkeiten des Outsourcings, wenn es günstiger ist.

90. Prokrastiniere, aber lasse es dir nicht anmerken.

91. Prokrastiniere, aber definiere Grenzen und halte dich diszipliniert an diese (z.B. "Ich mache mit der Arbeit weiter, wenn der Film, den ich gerade schaue, vorbei ist.")

92. Kenne deine Werkzeuge.

93. Vermeide Meetings.

94. Kommuniziere nicht; und wenn doch, dann nur schriftlich und auf das Nötigste beschränkt.

95. Beende Schriftverkehr mit einer Handlungsempfehlung, wenn du eine Reaktion hervorrufen möchtest.

96. Gehe zu dienstlichen Veranstaltungen geselliger Art und tausche dich dort mit allen Beteiligten auch über die Arbeit aus.

97. Lasse dich überdurchschnittlich gut bezahlen.

98. Akzeptiere Teilzahlungen in Digitalwährungen, die werthaltig sind.

99. Verteile dein digitales Vermögen gleichmäßig auf mehrere Wallets und Börsen.

Ab hier ist Platz für deine eigenen Regeln:

100.

_____

_____

_____

_____

101.

_____

_____

_____

_____

102.

_____

_____

_____

_____

103.

_____

_____

_____

_____

104.

_____

_____

_____

_____

105.

_____

_____

_____

_____

106.

_____

_____

_____

_____

107.

_____

_____

_____

_____

108.

_____

_____

_____

_____

109.

_____

_____

_____

_____

110.

_____

_____

_____

_____

111.

_____

_____

_____

_____

112.

_____

_____

_____

_____

113.

_____

_____

_____

_____

114.

_____

_____

_____

_____

115.

_____

_____

_____

_____

116.

_____

_____

_____

_____

117.

_____

_____

_____

_____

118.

_____

_____

_____

_____

119.

_____

_____

_____

_____

120.

_____

_____

_____

_____

Notizen